AF217434

> *Wenn man erkennt, dass die Gegenwart nicht zwangsläufig entstand, sondern dass alles hätte anders kommen können, sagt das etwas über die Zukunft aus: Sie ist nicht unabänderlich.*
>
> (Anker-Blogger Bastian Vergnon in der Lingener Tagespost vom 2. Mai 2024, zitiert von Chefredakteur Burkhard Ewert)

Titelbild: „Marktbrunnen", Skulpturen vor dem Rathaus in Freren, gestaltet von Karl-Henning Seemann (1976/77), gestiftet von der Kreissparkasse Lingen (Ems)
Eigenaufnahme

Impressum

© 2024 Anton Wiechmann
1. Auflage
Umschlaggestaltung: Eigengestaltung durch den Verfasser nach Vorlage der tredition GmbH, Hamburg
Lektorat: Celina Keute (www.celinakeute.de)
Verlag und Druck:
tredition GmbH, Halenreihe 40–44, 22359 Hamburg

ISBN 978-3-384-37359-5 (Paperback)

Die Deutsche Nationalbibliothek verzeichnet die Publikation in der Deutschen Nationalbibliografie; detaillierte bibliografische Daten sind im Internet über http://dnb.d-nb.de abrufbar.

50 Jahre Samtgemeinde Freren

Bewahrte Struktur, verpasster Wandel

Ein halbes Jahrhundert verfehlte Politik

Streitschrift anstelle von **Festschrift**

Inhalt:

Jubiläum ohne Festschrift

Zu einem Jubiläum gehört eine Festschrift, die über die Vorgeschichte und den Werdegang der gefeierten Institution informiert. So ist es die Regel. Kann es davon eine Ausnahme geben?

Bei dem, was als 50-jähriges Jubiläum der Samtgemeinde Freren bezeichnet wird, wurde auf eine Festschrift verzichtet. Die ist sicher nicht vergessen worden. Denn die Informationen über das Zustandekommen der Samtgemeinde stehen in ausreichendem Maße zur Verfügung. Zu vermuten ist, dass bewusst auf die Herausgabe verzichtet wurde. Die darin aufzuführenden Informationen sind nämlich nur schwer mit dem Bild in Übereinstimmung zu bringen, das von den politischen Erfolgen der vergangenen Jahrzehnte gezeichnet werden soll.

Als Ersatz für eine solche Festschrift soll mit dieser Broschüre eine Streitschrift vorgelegt werden. Sie soll den Leserinnen und Lesern in aller Kürze die Entstehung der Samtgemeinde erläutern, so wie sie im Zuge der Reformbemühungen des Landes Niedersachsen verwirklicht wurde.

Die Stadt Freren und die anderen vier Mitgliedsgemeinden in diesem Verbund sind als *Samtgemeinde* kein Einzelfall. Es gibt mehrere solcher Art, und deren Zusammenschluss könnte sich in vergleichbarer Weise vollzogen haben. Auch der Prozess der politischen Entscheidungsfindung allgemein dürfte Ähnlichkeiten aufweisen mit den Entscheidungsfindungsprozessen anderer Gemeinden im Emsland. Deshalb könnte diese Schrift auch über Freren hinausweisen.

Die Politik in der Samtgemeinde Freren könnte ein Exempel abgeben für dörfliche Politik im Emsland, vielleicht auch für Politik im ländlichen Raum überhaupt.

Politische Gängelei

Hinterher ist man immer schlauer, sagt die Volksweisheit. Mitunter gleichen politische Entscheidungen einer Wette auf die Zukunft. So konnte im Laufe der 1960er Jahre niemand garantieren, dass der gigantische Zusammenschluss der zehn Gemeinden im Bereich der jetzigen Stadt Lingen ein Erfolg werden würde. Von der Zusammenlegung der drei Altkreise Lingen, Meppen und Aschendorf zum Großkreis Emsland lässt sich Gleiches sagen, und auch von der Bildung der Einheitsgemeinden Emsbüren, Salzbergen und Wietmarschen.

In Freren und dessen Umland entschied man sich gegen die Integration, sondern dafür, so viel Selbstständigkeit für die kleinen Gemeinden zu erhalten wie möglich. Der Landesgesetzgeber setzte schlussendlich diesem Drang nach Selbstverwaltung aufgrund geringster Bürgerzahlen seine Grenzen. Aber diese Grenzen wurden voll ausgeschöpft. So entstand - anders als in der zusammengelegten Stadt Lingen mit den integrierten Ortsteilen und anders als in Salzbergen, Emsbüren und Wietmarschen - keine Einheitsgemeinde, sondern die Verwaltungseinheit *Samtgemeinde Freren*. In dieser behielten die fünf selbstständigen Mitgliedsgemeinden, von denen eine den Titel *Stadt* trägt, ihre Entscheidungshoheit über Haushaltsplan, Realsteuererhebung, Bebauungsplanung und Gewerbeansiedlung.

Aus dem Gesichtswinkel der Gegenwart kann man auf die Erfolge des Großkreises Emsland blicken und auf die rasante Entwicklung der *großen selbstständigen Stadt Lingen* sowie auf die Gemeinden Emsbüren, Salzbergen und Wietmarschen. Im Vergleich mit diesen Kommunen kann man voreilig zu dem Schluss kommen und monieren, dass hier, in und um Freren vieles, fast alles falsch gemacht wurde.

So verhält sich jemand, der vorgibt, es schon immer besser gewusst zu haben, verständnislos für die Gegebenheiten der Zeit, nachträglich kritisierend und korrigierend, überheblich, arrogant - also besserwisserisch. Das ist keine empfehlenswerte Art, sich an der Politik beteiligen zu wollen.

Es gibt aber Schlimmeres als Besserwisserei. Das liegt dann vor, wenn man entgegen der Volksweisheit hinterher nicht schlauer geworden ist, wenn man seine Erfahrungen nicht wahrnimmt oder sie gar ignoriert mit dem Ziel, Irrtümer nicht zugeben zu müssen und sein Verhalten in gewohnter Weise weiterführen zu können. Eine solche Erscheinung mag man betiteln mit *Uneinsichtigkeit, Rechthaberei, Ignoranz, Unbelehrbarkeit, Lernverweigerung* oder Ähnlichem.

Nicht selten ist zu erleben, dass die historischen Fakten ignoriert und tabuisiert werden in der Absicht, die Geschichte umzudeuten und zu verklären. Die Gegenwart soll in einem besseren Licht erscheinen, als die Fakten es hergeben. Dann liegt die Vermutung nahe, dass sich einzelne Personen oder Personengruppen für die von ihnen getroffenen Entscheidungen oder für die von ihnen geduldeten Fehlentwicklungen der Vergangenheit zu rechtfertigen suchen.

Hinter solchen Bemühungen verbergen sich regelmäßig Absichten, die der politischen Bildung entgegenstehen. Aus politischer Bildung für die Bürgerinnen und Bürger wird dann das Gegenteil, nämlich Desinformation, Irreführung und Manipulation. Im allgemein üblichen Sprachgebrauch sagt man kurz und prägnant *Volksverdummung* dazu.

Aus der Förderung befähigter Individuen für die demokratische Mitwirkung in der Gemeinde, wie es in der Demokratie selbstverständlich sein sollte, wird dann gedankliche Einschränkung und politische Gängelei. Unter dem allgegenwärtigen Postulat von *Zusammenhalt und Einigkeit im Dorfe* erwachsen daraus Verhaltensnormen, die existent sind, obwohl sie nicht ausgesprochen werden. Kritik an den Entscheidungen der Vergangenheit fallen dem Tabu zum Opfer. Eigenlob und wechselseitige Lobhudelei der Entscheidungsträger treten an deren Stelle. Einzelmeinungen werden als exotisch ausgegrenzt und zum Zwecke der Vorwärtsverteidigung ins Lächerliche gezogen, um die eigenen Unsicherheiten zu überspielen.

Wer in einer solchen Atmosphäre die Harmonie mit den Menschen seiner täglichen Umgebung nicht riskieren will, duckt sich, schweigt und fügt sich der Allgemeinheit.

Nachfolgende Politiker ducken sich ebenfalls. Sie dienen sich der entstandenen Stimmung an, um den Erfolg nicht zu verpassen. Mehr noch, sie benutzen und instrumentalisieren die überkommenen Verhältnisse als Hangelseil und als Klettergerüst für ihr Geltungsstreben in der lokalen Politik oder gar für eine Karriere.

Politische Gängelei durch gesetztes Normverhalten ist das Ergebnis. Wenn niemand, nicht einmal eine Partei mit oppositionellem Anspruch, sich bereitfindet, aus der Masse der anderen herauszutreten und das gewohnte Normdenken zu durchbrechen, wird aus lebendiger Demokratie mit kontroverser Auseinandersetzung politische Bevormundung durch Desinformation. Denn die ergibt sich zwangsläufig aus den irreführenden Selbstaufwertungen maßgeblicher Akteure.

Das, was als Zusammenhalt und Harmonie einer Dorfgemeinschaft nach außen sichtbar wird, kann mitunter auch das Resultat einer vergifteten Atmosphäre aus dem dörflichen Normengefüge sein.

Kein Hinterfragen, keine Kritik

Seit dem 20. März 2014 sind mehr als zehn Jahre vergangen. An diesem Tage muss es den Samtgemeinderat von Freren in einer Stunde der Übermüdung getroffen haben. Eines seiner führenden Mitglieder wartete auf mit der Anregung, die Samtgemeinde solle noch im selben Jahr ihr 40-jähriges Bestehen feiern. Von einer Diskussion ist nichts protokolliert, auch nicht von einem formellen Beschluss. Schlicht und ergreifend folgte der Rat dieser Anregung, ohne sich über die genaueren Umstände Gedanken zu machen. Insbesondere nach dem geschichtlichen Hintergrund wurde nicht gefragt.

Die politischen Parteien der Samtgemeinde hatten wohl schon vor dieser Zeit den Raum aktiver Beteiligung und wahrnehmbarer Funktion verlassen. Sie mischten sich nicht ein. Kein zweifelndes Hinterfragen, keine opponierende Gegenrede, kein Erforschen der Geschichte, kein weiteres Überlegen. Man überließ es der politischen Spitze und der Verwaltung, ein entsprechendes Fest vorzubereiten und abzuhalten. Es wurde gefeiert.

Und folgerichtig muss, wenn 2014 ein 40-jähriges Jubiläum gefeiert wird, im Jahr 2024 ein 50-jähriges Jubiläum zelebriert werden. Die Fakten über die Gründung der Institution *Samtgemeinde* lagen mittlerweile in hinreichendem Maße vor.[1] Was die maßgeblichen Personen veranlasste, diese Fakten zu ignorieren und mit sorgsam eingehaltener Nichtbeachtung zu umgehen, bleibt den Vermutungen überlassen. Wie bei der Entscheidung zehn Jahre zuvor dringt auch bei der 50-Jahr-Feier nichts von einer Diskussion im Samtgemeinderat nach außen. Von einer formellen Beschlussfassung ist nichts protokolliert.

Geschichtsvergessen und mit ungebrochen disziplinierter Ignoranz der nachprüfbaren Fakten wurde also auch für 2024 eine

---

[1] Genauer nachzulesen in: Anton Wiechmann, Den Schlippern keine Schnitte – 55 Jahre Samtgemeinde Freren – Zwischen städtischem Dünkel und dem konternden Stolz des ländlichen Umlandes. Tredition GmbH, Hamburg 2021 (ISBN 978-3-347-22562-6).

Jubiläumsfeier angesetzt. Beschlüsse wurden vermutlich nur in engstem Kreis und unter Einhaltung solidarischer Verschwiegenheit gefasst. Möglichst wenig sollten die Festgäste mit den Einzelheiten der Gründung der *Samtgemeinde* in Berührung kommen. Keine Festschrift für die Bürgerinnen und Bürger, auch nicht für das Festpublikum, keine Zweifel, keine Kritik.

Vor allem aber: keine Selbstkritik und kein Ansatz von differenzierender Distanz zu den Entscheidungen vorheriger Politikergenerationen, kein Hauch von kritischer Bestandsaufnahme!

Ein halbes Jahrhundert verfehlte Politik

Bei Ausblendung einschlägiger Informationen gingen die Initiatoren dieses neuerlichen Festaktes von drei Grundannahmen aus:

1. Im Jahr 2024 wird die Samtgemeinde 50 Jahre alt.

2. Die Mitgliedsgemeinden haben seinerzeit die Entscheidung zu einer solchen Gemeindereform aus eigenem Antrieb gesucht, nachdrücklich angestrebt und in die Wege geleitet. Die Reform ist der Erfolg eigener Initiative.

3. Diese Form des Zusammenschlusses war das Optimum einer Zukunftsentscheidung. Es war die bessere Wahl im Vergleich zu der Möglichkeit, eine Einheitsgemeinde zu bilden.

„Falsch!", lässt sich zu der ersten Grundannahme sagen. Die Samtgemeinde war 2014 schon 45 Jahre alt und hat 2024 ein Alter von 55 Jahren erreicht. Ihre Gründung wurde am 21. März 1969 beschlossen. Träger des Beschlusses waren die versammelten Ratsmitglieder aus den sieben Gemeinden Andervenne-Niederdorf, Andervenne-Oberdorf, Freren, Lohe-Venslage, Setlage, Suttrup und Thuine. Erst fünf Jahre später wurden per Gesetzeszwang aus Hannover die Gemeinden Beesten und Messingen der bestehenden Samtgemeinde angegliedert. Die fünf Jahre zuvor gefasste Hauptsatzung hatte weiterhin Bestand. Sie wurde übernommen und um die Namen der beiden letzteren Gemeinden erweitert.[2]

---

[2] Möglicherweise aus Gründen der Selbstachtung und der Gesichtswahrung hatte es Bestrebungen gegeben, die bestehende Samtgemeinde aufzulösen, um unter Einschluss der Gemeinden Beesten und Messingen eine neue Samtgemeinde zu gründen. Solches Ansinnen wurde aber von der Landesregierung als unnötig verworfen.

„Falsch!", lässt sich auch zu der zweiten Grundannahme sagen. Als der Innenminister Richard Lehners von der regierenden SPD in Hannover im Juni 1971 einen Gesetzentwurf für die Neuordnung des Raumes Lingen/Nordhorn vorlegte, war den hiesigen Gemeinden die Entscheidungsfreiheit genommen. Es blieb ihnen nur noch die Möglichkeit einer Stellungnahme. Davon machten sie weitgehend einheitlichen Gebrauch. Die Einheitsgemeinde, wie die Landesregierung sie nahelegte, wurde von allen befragten Räten des Frerener Umlandes abgelehnt. Während die Stadt Freren sich mit der Bildung einer Samtgemeinde einverstanden zeigte, wurde diese von den anderen Gemeinden mit allerlei Einschränkungen bestückt und mit zum Ausdruck gebrachtem Widerwillen als gegeben registriert. Denn der vorgelegte Gesetzentwurf hatte diese Entscheidung schon vorweggenommen.

„Falsch!", lässt sich ohne Umschweife auch von der dritten Prämisse behaupten.

In direkter Nachbarschaft zur Samtgemeinde Freren liegt die Stadt Lingen. Zehn Gemeinden, jetzt Ortsteile, haben ihre Selbstständigkeit aufgegeben und sich zusammengeschlossen zu der *großen selbstständigen Stadt Lingen*. Übertragen auf die zehn einwohnerschwachen Gemeinden im Bereich von Freren würde man *Einheitsgemeinde* dazu sagen. Aus den Reihen der 50000 Einwohner dieser zusammengelegten Stadt sind seither keinerlei Bestrebungen bekannt geworden, die diese Reform hätten rückgängig machen wollen. Diese *große selbstständige Stadt Lingen* kann heute als Leitbild einer gelungenen Kommunalreform gelten. Mit dem vergleichenden Blick darauf bedarf es keiner weiteren Analysen und keiner zusätzlichen Argumentation. Jede Diskussion kann ihr Ende finden mit dem folgenden Ergebnis:

Die von der Samtgemeinde Freren gefeierten 50 Jahre ihres Bestehens repräsentieren in Wirklichkeit ein halbes Jahrhundert verfehlter Politik.

Konstruierte Philosophien, die anderes behaupten, entstammen dem reformverweigernden Gesinnungsansatz aus den 1960er und 1970er Jahren, der sich immer wieder regeneriert und erneuert hat. Sie blenden den Vergleich mit den anderen Gemeinden der nahen und fernen Umgebung aus, um die Fehlentscheidungen und Versäumnisse der Vergangenheit nachträglich zu überspielen. Alternde Politiker wahren so ihr Gesicht, und nachfolgende Politiker benutzen solche leicht zugänglichen und in Volksnähe gern gehörten Theorien als Gerüst, um sich in ihrem populistischem Geltungsstreben daran nach oben zu ziehen.

Im Umkehrschluss bedeuten Populismen dieser Art, dass die Einheitsgemeinden des südlichen Emslandes und vor allem die Stadt Lingen es falsch gemacht haben. Anders als bei der erfolgreichen Samtgemeinde Freren liege bei ihnen eine Fehlentwicklung der großen Gebiets- und Gemeindereform vor, so die irrwitzige wie absurde Feststellung.

Das Festjahr in Freren mit seinen Zelebrationen enthält die überheblich belehrende und selbstrechtfertigende Botschaft an die Einheitsgemeinden im südlichen Emsland: „Ihr habt es falsch gemacht. Schaut auf uns! So, wie wir es gemacht haben, ist es richtig!"

Man erfindet immer Narrative, die einem eine warme Dusche verpassen. Und wenn man falschliegt, kann man aus Gründen der Selbstachtung nicht ohne Weiteres davon abrücken.
(Der Soziologe Steffen Mau im Interview über die unterschiedliche Mentalität in den östlichen und den westlichen Bundesländern, in: Die Zeit, Nr. 26 vom 13. Juni 2024: *Im Osten funktioniert die Demokratie anders.*)

Unterschied A: Lingen vollzieht den Strukturwandel

Heftige Widerstände und Demonstrationen gegen die Reform gab es auch in Lingen und besonders in den anzugliedernden Gemeinden rund um den Stadtkern. Dem haben die maßgeblichen Politiker Aufklärungs- und Überzeugungsarbeit entgegengesetzt. Sie dienten sich den Wählern nicht populistisch an, stattdessen vertraten sie ihre Visionen und muteten den Bürgerinnen und Bürgern die gravierenden Veränderungen zu, mit der Folge, dass die Reform schließlich in ihrem maximalen Ausmaß durchgesetzt wurde.

Die eingegliederten Gemeinden gaben ihre Selbstständigkeit ab und wurden Ortsteile der Stadt, vergleichbar einer Einheitsgemeinde. Um die Identifikation der Bürgerinnen und Bürger in ihrem Ortsteil nicht übermäßig zu belasten und um subsidiäre Leistungen wohnortnah erbringen zu können, wurden Ortsräte gebildet, die am Etat der Stadt beteiligt werden. Damit können vor Ort die notwendigen und nützlichen Projekte in Bürgernähe verwirklicht werden.

Kein Schützenverein löste sich deswegen auf, kein Sportverein, kein sonstiger Verein, die Feuerwehren behielten ihre Niederlassungen. In ihrem Lebensalltag merkten die Bewohner der Ortsteile kaum etwas von dieser Veränderung.

Durch die zentral gesteuerte Gewerbeansiedlungspolitik, für die sie Flächen in ansprechender Größenordnung zur Verfügung stellen konnte, gelang der Stadt eine effektive Förderung und Steuerung der regionalen Wirtschaftsstruktur. Die brachte der Stadt neben Arbeitsplätzen auch finanzielle Erfolge ein.

Gegenüber den Gesetzgebern in Land und Bund konnte sie als *selbstständige Stadt* geschlossen auftreten und mit dem Gewicht einer starken Einwohnerzahl ihre Anliegen vertreten.

In allen Bereichen von der Bildung über die Gesundheitsvorsorge und Entfaltung der Kultur bis hin zum Hochschulstandort nahm die Infrastruktur eine rasante Entwicklung. Die Initiatoren dieser Reform stellen sich damit ein glänzendes Zeugnis aus.

Die intensive Pflege des Stadtzentrums strahlte auf die Nebenzentren in den Ortsteilen aus, deren Wählerpotenzial zu gewichtig war, um es im Rahmen der städtischen Politik zu vernachlässigen. Die Menschen hier in diesen eingegliederten Ortsteilen, so lässt sich vermuten, sind genauso glücklich wie die Menschen in den kleinen, aber selbstständigen Gemeinden rund um Freren. Mit Blick auf die Leistungsfähigkeit des nahen Zentrums sind sie in der einen oder anderen Hinsicht vielleicht auch ein wenig glücklicher.

Die neue soziale Gemeinschaft der *großen selbstständigen Stadt* macht auch etwas mit den Menschen. Es ist ein Unterschied, ob ein Student im Auswärtsstudium oder ein Feriengast am Urlaubsort mit einer Portion Selbstbewusstsein von den Vorzügen seines Heimatortes berichten und ein positives Image verbreiten kann oder ob er es vorzieht, kleinlaut über seinen Herkunftsort zu schweigen mit dem Gedanken: *Kennt sowieso niemand, kein attraktives Ziel für einen Kurzurlaub; keine empfehlenswerte Niederlassung für eine dauerhafte Existenz! Da, wo ich herkomme, ist nichts los.*

Dass auch ehemals selbstständige Gemeinden, die sich in eine große Gemeinde eingefügt haben, ihr Eigenleben nicht verlieren, zeigt sich eindrucksvoll an den Aktivitäten des *Aktionskreises Leschede e.V.* (www.aktionskreis-leschede.de). Anhand einer Reihe von Gedenktafeln hat sich diese Initiative mit geschichtlichen Themen des Krieges befasst und so den *Lernort des Friedens* geschaffen. Damit hat sie einen Kulturschub erzeugt, der in bemerkenswerter und vorbildhafter Weise in die gegenwärtige Weltlage passt. Überörtliche Beachtung weit über die Grenzen ihrer Einheitsgemeinde Emsbüren hinaus haben dieser *Lernort* und seine Initiatoren verdient. Eine Gedenk- und Lernkultur in dieser Präsentation ist unter gegenwärtigen Verhältnissen in den

Gemeinden des Bereiches Freren kaum denkbar und nicht zu er-
möglichen.

Lernort des Friedens
Mit frreundlicher Abdruckgenehmigung zur Verfügung gestellt von Heinz Sager, Ak-
tionskreis Leschede e. V.

Auch der Förderverein Suttrup-Lohe e.V. ist ein Beleg dafür,
dass die Bürgerbindung durch die Integration der ehemals

Bauschild des Fördervereins Suttrup
Eigenaufnahme

selbstständigen Gemeinde Suttrup in die Stadt Freren nicht verloren gegangen ist. Allein dadurch, dass es ihn gibt, hat der Verein die Möglichkeit, seinen Einfluss im Stadtrat von Freren geltend zu machen. Das belegt, dass das Prinzip der *Subsidiarität* durch die Bildung einer Einheitsgemeinde nicht außer Kraft gesetzt werden muss.

Von Entwurzelung keine Spur zeigt sich ebenfalls im Beestener Ortsteil Talge-Wilsten. Diese ehemals selbstständige Gemeinde wurde schon in den 1960er Jahren, weit bevor die große Gebietsreform ihren Anfang nahm, in die Gemeinde Beesten integriert. Den ortsteileigenen Schützenverein hat das nicht berührt. Im Juni 2024 feierte der *Schützenverein Talge-Wilsten*, wie er sich nennt, mit einem aufwendigen Jubelfest sein 250-jähriges Bestehen. Das Mitteilungsblatt der Samtgemeinde Freren brachte für den Monat Juni auf seiner Titelseite ein Foto dieses in eindrucksvoller Schützenordnung aufgestellten Männervereins mit einer erstaunlich großen Zahl an Uniformträgern.

Unterschied B: Freren und Umland
bewahren die Struktur

In und um Freren wurde die Politik von einem anderen Geist getrieben und geprägt. Dass die bäuerlich dominierte Agrargesellschaft des Emslandes sich dem europaweiten Strukturwandel anzupassen hatte, wurde hier nicht gesehen.

Die Stimmung wurde gesetzt von den auf Tradition und Gewohnheit beharrenden ländlichen Dorfgesellschaften, während die Bürger des städtischen Kerns von Freren abtauchten und sich duckend unterordneten, so wie sie es noch heute tun. Die Beharrungstendenzen überwogen. Die örtlichen Gemeinderäte und die Bürgermeister fürchteten ihren Funktions- und Bedeutungsverlust in der überschaubaren Gemeinschaft ihres Dorfes. Die lebensnotwendigen Dinge vor der eigenen Haustür, so meinten sie, würden ohne ihre Initiative und Entscheidungshoheit ungeregelt bleiben und vernachlässigt werden. *Freren übervorteilt uns und verwirtschaftet unser Geld*, war die Befürchtung.

Anders als in Lingen ging von der Zentralgemeinde *Stadt Freren* kein Anspruch auf einen Mittelpunkt und eine zentrale Verwaltung aus. Visionen von einer geschlossenen und ganzheitlich angelegten Wirtschaftsstruktur mit dem Mittelpunkt Freren wurden nicht entwickelt. Und anders als beispielsweise in der Einheitsgemeinde Emsbüren gab es hier keinen Politiker, der sich von den Beharrungstendenzen distanzierte.

Niemand stellte die Fragen: *Was ist die Idee von der Zukunft? Wo soll die Reise hingehen?* Und niemand war da, der sagte: *Dieser Raum muss seinen Kern stärken und in den entscheidenden Fragen mit einer Stimme sprechen.*

Die Anstrengungen waren darauf gerichtet, das festzuhalten, was man hat, und möglichst nichts zu verändern. Eine gedeihliche Zukunft auch in lokalwirtschaftlicher Sicht, die einem Wettbewerb im größeren Rahmen standhält, hatte man hier nicht im

Blick. Dass die Landwirtschaft seine wirtschaftstragende Bedeutung gegenüber dem produzierenden Gewerbe und der Industrie einbüßen würde, wollte man nicht sehen. Der eine oder andere Einflussinhaber aus ländlicher Umgebung handelte wohl auch in der Absicht, solche Erkenntnisse nicht zum Zuge kommen zu lassen.

So wurde der von den Skeptikern der ersten Stunde verbreitete Trend des *Festhaltens und Bewahrens* zur dauerhaften und nachhaltig gepflegten Maxime in den Dorfgesellschaften in Freren und Umgebung. Und sie ist es noch heute. Zu keinem Zugeständnis waren die Gemeindeväter bereit, vor jeder mentalitätswandelnden Beeinflussung sollte die Bevölkerung bewahrt werden und davon abgeschottet bleiben.

Die nachfolgenden Politiker dienten sich der überkommenen Stimmung an, auch daran hat sich bis heute nichts geändert. Die Aussicht, dass das bei der nächsten Wahl Frucht tragen möge, ist ihnen wichtiger als riskante Ideen und Eigeninitiativen für die Zukunft. Die schon erreichte Mehrheit bei der letzten Wahl soll bei der nächsten tunlichst noch übertroffen werden, so das eitle Bestreben.

Nicht die Zukunft war das Ziel der Politik, sondern das Festhalten an der Gegenwart und an den Überbleibseln überholter Zeiten.

Als die Trecker rollten…
Schild von den Bauernprotesten im Januar 2024
Eigenaufnahme

Vielleicht hat die eine oder andere hervorgehobene Person des ländlichen Gefüges in unwissender Naivität auch darauf gehofft, die bäuerliche Dominanzgesellschaft dauerhaft erhalten zu können. Vielleicht hat der eine oder andere Kleingewerbler des Dorfes in gleicher Gemütslage auch auf eine weiterhin abgeschottete und immobile Kundschaft spekuliert, die ihm die Einflüsse überörtlicher Konkurrenz ersparen würde.

Bewahrte Strukturen und verpasster Wandel hemmten fortan die Entwicklung der lokalen Wirtschaft, denn die dezentrale Steuerung erlaubte nur kleingehaltene Gewerbegebiete, die der finanziellen Kraft des Ortes angepasst waren. Für eine langfristig ausgelegte Lokalökonomie fehlten nicht nur die Übersicht und der Weitblick, sondern auch die Finanzen und der dazugehörige lange Atem. Und es fehlte der wohlabgestimmte und langfristig ausgelegte Plan für eine zukunftsgerechte Entwicklung.

Gewerbezuzug fand so gut wie nicht statt. Gewerbeansiedlung hingegen beschränkte sich auf den Eigenbedarf örtlicher Betriebsgründungen. Erweiterungen alteingesessener und erfolgreicher Betriebe, die mit ihrem Fernabsatz Geld in die hiesige Region bringen und sie mit importierter Kaufkraft bereichern, erfolgte an Ort und Stelle. Dass dafür zum wiederholten Mal die unmittelbar angrenzenden Flächen geschaffen werden konnten, kann zu den überragenden Leistungen der jeweiligen Bürgermeister gezählt werden. Das ist ihnen sowie den Räten und allen sonstigen Beteiligten als Verdienst ihres Einsatzes mit Respekt anzuerkennen.

Vergleiche mit den Ortsteilen der Stadt Lingen ergeben allerdings, dass die Ortsbürgermeister und die Ortsräte in gleicher Weise wirksam werden können.

Mit der auf sich selbst gerichteten Kleinteiligkeit ihrer Umlandgemeinden verschaffte sich die Region Freren zu der verkehrsmäßigen Abseitslage einen weiteren Standortnachteil, die sie für platzsuchende Gewerbeansiedlungsprojekte unattraktiv machte. Vielleicht hätte der bis dahin vorhandene Bahnanschluss noch einen Betrag leisten können, so wie er in der Nachbargemeinde Spelle noch heute von einer der ansässigen Firmen genutzt wird. Sein Verlust nach wenigen Jahren war durch Events im *Samba-Zug* und mit Visionen von einer *Eisenbahnversuchsanlage (EVA)* auch nicht mehr abzuwenden.

Dass die kleine Stadt Freren und ihr Umland im Schatten der Stadt Lingen und abseits von Flughafen, Kanal und Autobahnkreuz sich schwächer entwickeln würden als andere Gemeinden, war vorhersehbar und nicht zu vermeiden. Mit ihrer reformverweigernden Haltung haben diese fünf Gemeinden aber treffgenau die falsche Konsequenz daraus gezogen und sich noch stärker von der allgemeinen Entwicklung abgehängt, als es ohnehin zu befürchten war. Besonders bei der Gewerbeansiedlungspolitik in verkehrsangebundenen Lagen hätte eine zusammengelegte Gemeinde großzügiger und effektiver agieren können.

Gravierender noch: Mit dem Streben nach dem Erhalt örtlicher Selbstständigkeit wurde von den politischen Entscheidern gewollt und mit Vorsatz gegen das Zustandekommen einer gemeinsamen Identität gearbeitet. In der Tradition spiritueller Gemeinschaft rund um den Kirchturm wurde die soziale Trennung bewusst gefördert und aufrechterhalten. „Die Kirche soll im Dorf bleiben", war der Ausspruch.

Auch im Zusammenhang mit der Finanzierung des Kulturzentrums Alte Molkerei wurde das im Jahr 1993 deutlich. Es hätte der Ansatz einer gemeinsamen Mitte der fünf Gemeinden werden können mit Kursrichtung auf eine Zukunft mit Visionen. Aber der Samtgemeinderat schlug die in Aussicht gestellten horrenden Geldmittelzuflüsse aus, weil er in seiner Mehrheit nicht bereit war, die Restfinanzierung zu übernehmen.

Von Beginn an hatte diese Grundhaltung Auswirkungen auf die Entwicklung der lokalen Wirtschaft. Auch hier blieben den Entscheidern der Wert und die Perspektive eines gemeinsamen Interessenmittelpunktes verborgen, der auf lokalwirtschaftliche Prosperität ausgerichtet gewesen wäre. Flächennutzungspläne wurden den Wünschen der einzelnen Gemeinden entsprechend aufgestellt. Entsprechend kleinteilig fielen sie aus. Bei der Art der Bebauung und der Vergabe der Grundstücke entschied jede Gemeinde im Rahmen der Eigenentwicklung für sich. Zentrale Steuerung und großräumigere Überplanung blieben aus, sie waren in der vorliegenden Konstellation auch kaum möglich. Stattdessen traten die Gemeinden miteinander in einen Wettbewerb, der sich mindestens ebenso stark auswirkte wie ihre kräftebündelnde Zusammenarbeit.

Auch daran hat sich bis heute nichts geändert.

Wenn die große selbstständige Stadt Lingen als ein gelungenes Projekt der Gebiets- und Gemeindereform anzusehen ist, wie ist dann die Samtgemeinde Freren einzuordnen?

Es brummt hier, es brummt da

Gewerbliche Initiativen und die Bereitschaft zum Investieren gibt es in Freren so wie in allen Teilen der Samtgemeinde. Die Frage ist, wie man unternehmerischen Geist im größeren Stil und in effektiver Weise fördern kann.

Gewerbliches Mietobjekt neueren Datums in Freren
Eigenaufnahme

Unternehmerische Power gibt es insbesondere auch in den Mitgliedsgemeinden: Einige Firmen in der Samtgemeinde agieren überörtlich. Zwei davon stehen idealtypisch für Fernabsatz und Kaufkraftzufluss. Es sind die Firmen Meese-Logistik in Beesten (Meese-Nueva) und Kuiter in Thuine, ein Unternehmen für Messebau und Innenausbau.

Sie bringen Geld von außerhalb in die hiesige Region und finanzieren damit Arbeitsplätze vor Ort. Das kommt der heimischen Wirtschaft insgesamt zugute. Auch der Haushalt der Gemeinde trägt seinen Nutzen davon. Um die Ansiedlung von Betrieben mit Fernabsatz muss sich eine Region als Erstes bemühen, wenn sie die wirtschaftliche Entwicklung des eigenen Raumes in Gang setzen will. Mehr solcher Betriebe täten Freren und der Kaufkraft vor Ort gut.

Allein die Existenz solcher Erfolgsprojekte vor Ort steckt an und wirkt motivierend auf andere Wirtschaftssubjekte, denen Unternehmergeist gegeben ist.

Eine Einheitsgemeinde von Anbeginn an, in der die Wirtschaftsförderung wie in der Stadt Lingen von zentraler Instanz getragen wird, wäre dem Großraum Freren vielleicht besser bekommen als die Aufsplitterung in fünf entscheidungstragende Einzelgemeinden.

Firmengelände des Logistikunternehmens Meese-Nueva in Beesten
Mit freundlicher Abdruckgenehmigung zur Verfügung gestellt von Jannik Meese

Unternehmensgebäude der Firma Kuiter, Thuine,
Messebau und Innenausbau
Eigenaufnahme

Verordnete Vernunft aus Hannover

In der so vorgefundenen reformfeindlichen Atmosphäre war es kein leichter Auftrag für den noch jungen Kreisrechtsrat Karl-Heinz Brümmer, der ihm Anfang 1965 von seinem Vorgesetzten, dem Oberkreisdirektor Werner Franke (beide Mitglied der regionsbeherrschenden CDU), übertragen wurde. Die zehn kleinen Gemeinden in dem Flickenteppich rund um Freren sollte er davon überzeugen, sich mit der kleinen Stadt in ihrer Mitte zusammenzuschließen. In Freiwilligkeit sollte das geschehen und nicht gezwungenermaßen.

Für ihn war es eine Bewährungsprobe von hohem Anspruch. Denn die Lage in und um Freren war ein Stück weit schwieriger als in anderen Orten des damaligen Kreises Lingen. Beharrungstendenzen, die Veränderungen scheuten und lieber alles beim Alten lassen würden, gab es überall. Zusätzlich zu den üblichen Schwierigkeiten hatte er es hier in Freren aber mit einem uralten Gegensatz zwischen Bürgern und Bauern zu tun. Auch anderswo gibt es solche Gegensätze, die sich aus der jeweiligen Historie ergeben haben. In Freren scheint er aber von einer besonders gelagerten, individuellen Eigenart zu sein.

Und zwar resultiert dieser Gegensatz aus der Spaltung der *Schützengesellschaft des Kirchspiels Freren*. Im Jahr 1722 ist sie gegründet worden, 1834 teilte sich die Gesellschaft in zwei Vereine auf, die heute als *Bürgerschützenverein* und als *Bauernschützenverein* landläufig bekannt sind.

Sehr zäh hält sich dieser Gegensatz bis in die heutigen Tage. Und er lief wohl kaum ohne Streit ab. Seinen jährlichen Ausdruck findet er in den zwei voneinander getrennten Schützenfesten der beiden Vereine. Das diskrete Schweigen darüber hat die entstandene Kluft dieser exotischen Zwillinge nicht beseitigen können. Zuletzt bestätigt wurde das bei dem 300-jährigen Jubiläum beider Vereine im Jahr 2022. Es gelang ihnen nicht, diesen Jahrestag, der immerhin ihr gemeinsamer Geburtstag ist, auch gemeinsam zu feiern.

Wie sehr und wie langfristig ein solcher Gegensatz wirken kann, bemerkte 1965 auch Brümmer an der Vehemenz der Stellungnahmen, mit denen die Umlandgemeinden jede Annäherung an die Stadt Freren ablehnten und jeder Gemeinsamkeit mit ihr aus dem Wege gehen wollten. *Wiederholt*, so verleiht Brümmer seiner Mühe am 13. Februar 1967 Ausdruck, *wiederholt* habe er darauf hinweisen müssen, dass die Vertreter des Umlandes jederzeit in der Lage seien, die Vertreter der Stadt Freren zu überstimmen.

Das haben die Abgesandten der Umlandkoalition schließlich doch verstanden. Denn nicht nur einmal machten sie im Laufe der Geschichte von diesem Tipp Gebrauch.[3] Diese Aussicht auf Mehrheitsbildung mag es gewesen sein, die einen Teil der Gemüter besänftigte. Zumindest konnten einige dem Druck vonseiten des Landkreises, bei dem schließlich der Oberkreisdirektor Werner Franke seinem Kreisrechtsrat unterstützend zur Seite sprang, nicht mehr standhalten. Am 9. Juni 1969 schlossen sich sieben der zehn Gemeinden in einer konstituierenden Sitzung zur *Samtgemeinde Freren* zusammen. Das war die satzungsmäßige Geburtsstunde dieses Konstruktes zur fach- und sachgerechten Verwaltung dieser kleinen und kleinsten Gemeinden.

Dem Land Niedersachsen allerdings reichte das nicht, und es verlor die Geduld. Per Landesgesetz sorgte die SPD-Regierung

---

[3] Dazu zwei Beispiele.
Einmal befolgten sie den Tipp im Zusammenhang mit dem Begehren der aufgelösten Gemeinde Lohe-Venslage vom 11. August 1972, nicht der Stadt Freren zugeordnet zu werden, sondern getrennt nach den Ortsteilen Venslage zu Thuine und Lohe zu einer selbstständig bleibenden Gemeinde Suttrup. Die Vertreter der Stadt wurden überstimmt, was allerdings durch den Eingriff der Landesregierung nicht zur Wirkung kam.
Ein weiteres Mal am 9. Dezember 1993 im Zusammenhang mit der Finanzierung des Kulturzentrums Alte Molkerei. Horrende Geldmittelzuflüsse wurden ausgeschlagen, weil der Samtgemeinderat in seiner Mehrheit nicht bereit war, die Restfinanzierung zu übernehmen.

mit ihrer Ein-Stimmen-Mehrheit 1974 für die Durchsetzung ihres geforderten Mindeststandards. Der Zusammenschluss wurde erweitert und ausgebaut zu einer Verwaltungseinheit mit der Richtgröße von 10000 Einwohnern. Fünf kleine Gemeinden wurden in die größeren integriert, so wie sie noch heute existieren. Sodann wurden Beesten und Messingen per Gesetz in die bestehende Samtgemeinde eingegliedert. Die dazugehörige Satzung trägt den Titel „Zweite Satzung zur Änderung der Hauptsatzung der Samtgemeinde Freren". Am 4. Februar 1974 wurde sie beschlossen, wie der Gesetzgeber es vorsah, und am 1. März 1974 trat sie in Kraft.

Mit der Verwaltungseinheit *Samtgemeinde* war der Plan der regierenden SPD in Hannover im Sinne ihrer Verwaltungsabsichten hinreichend erfüllt. Die zweite Dimension der Gebietsreform, die Entwicklung einer einträglichen, der Verwaltungseinheit angepasst starken Lokalökonomie, interessierte die Landesregierung weniger. Diesbezüglich zog sie es vor, die örtlichen Volksvertreter ihrer Eigenwilligkeit zu überlassen. Sollten sie doch im Saft ihrer kleinräumlichen Strukturen weiter schmoren, von dem aus sie noch heute ihre Interessen miteinander wie auch gegeneinander vertreten.

Das, was am 1. März 2024, 50 Jahre nach dem *Gesetz zur Neuregelung der Gemeinden im Raum Grafschaft Bentheim/Lingen* als Jubiläum in einer Festsitzung im Kulturzentrum Alte Molkerei gefeiert wurde, beruht also nicht auf einem Erfolg der fünf Gemeinden im Verbund der Samtgemeinde Freren. Es war kein freiwilliges Arrangement der fünf Mitgliedsgemeinden untereinander. Das Gegenteil ist der Fall, es war ihre Gruppendisziplinierung. Entstanden ist ein Zwangsgebilde, weil man sich der verordneten Vernunft aus Hannover zu beugen hatte. Die hartnäckige Reformverweigerung der hiesigen Volksvertreter wurde in ihre Grenzen verwiesen.

Angenommen wurde diese verabscheute, aber aufgezwungene Vernunft in ihrer Minimaldosis, und das auch nur, soweit sich dieses Gesetz in seinen Einzelheiten nicht umgehen ließ.

Am Beispiel der Feuerwehr wird das deutlich: Formal und nominell wurde sie im Sinne des Gesetzes verändert, die Finanzierungshoheit wurde der neuen Institution Samtgemeinde übertragen. Faktisch und in der praktizierten Wirklichkeit wurde sie aber so fortgeführt wie in den Jahrzehnten vorher. Es gibt keinen Lokalpolitiker, der dazu mit der nötigen Einfühlsamkeit und dem würdigenden Respekt vor der Leistung, aber auch mit sachlicher Konsequenz eine hinterfragende Bemerkung riskieren würde.

Der Appell des Oberkreisdirektors Franke und seines Kreisrechtsrates Brümmer an Einsicht, Vernunft und Freiwilligkeit ist bei den hiesigen Volksvertretern und auch bei manchem Amtsträger von begrenzter Wirksamkeit geblieben. Anders als in anderen Kommunen ist er bis heute nicht vollständig in den Köpfen der hiesigen Entscheidungsträger angekommen.

Mehr als 100 Jahre waren seit der Entzweiung der Schützenkameraden vergangen, als die Gemeindereform durchgeführt wurde. Diese Zeit hat nicht gereicht, um die schwelenden Animositäten selbstkritisch und mit gegenseitigem Verständnis auszuräumen. Mit wechselseitiger Freundlichkeit und selbstschützender Diskretion wurde darüber geschwiegen.

Auszugleichen waren die Gegensätze mit diesem Tabu aber nicht. Im Gegenteil, eher wurden sie gepflegt. Schützenfeste des Bürgerschützenvereins in gezierter Abschottung und unter Ausschluss der Öffentlichkeit taten das Ihrige. Sanktioniert wurden sie von der naserümpfenden Abgewandtheit der bäuerlichen Schützen. Die Festlichkeiten der einen waren gezeichnet von städtischer Dünkelhaftigkeit, die der anderen von dem konternden Stolz des ländlichen Umlandes.

Ein anderer Umgang mit der Geschichte hätte gegenseitiges Verständnis und Versöhnungsbereitschaft aktivieren können. Um der Annäherung willen wäre dann vielleicht die Rückeroberung des Titels *Stadt* für die 5000 Einwohner zählende Zentralgemeinde unterblieben. Im Gegenzug wäre einem der stimmenstarken und charismatischen Politiker des bäuerlichen Umlandes möglicherweise der ausgleichende Satz über die Lippen gekommen, den der Bürgermeister von Emsbüren 1973 sinngemäß wie folgt von sich gab:

„Dieser Raum muss seinen Kern stärken und in den entscheidenden Fragen mit einer Stimme sprechen."

Einheitsgemeinde statt Samtgemeinde war das Ziel dieses Bürgermeisters, das im Falle von Emsbüren erfolgreich verwirklicht werden konnte.

Einheitsgemeinde statt Samtgemeinde, damit hätte sich neben dem verwaltungsmäßigen Zweck auch das Ziel einer lukrativen Lokalwirtschaft im Großraum Freren anstreben lassen. Die arrondierte Geografie von Freren und den vier Mitgliedsgemeinden rundherum hätte die ideale Voraussetzung dafür geboten. Eine nicht aufgearbeitete und unbewältigte Geschichte, besonders aber die wenig reflektierte Gegenwart standen dagegen.

Politische Herdenhaltung

„Die Bildung der Samtgemeinde war für alle Beteiligten eine gute und richtige Entscheidung", sagt die Desinformation. „Wir können stolz sein auf unsere Samtgemeinde, unsere Vorgänger haben alles richtig gemacht. Ihnen sind wir zu Dank verpflichtet."

„Keine Veränderungen, weiter so wie bisher! Wir sind auf gutem Wege", sagt der Populist. Denn das wollen die Bürger hören, sie wollen sich bestätigt fühlen in dem gewohnten Ablauf und in der Sicherheit, nichts verpasst zu haben. Sie wollen sich gestärkt sehen in dem Glauben, auf dem richtigen Weg zu sein. Veränderung und Umgewöhnung oder gar Unsicherheit wollen sie nicht. Dafür nehmen sie die mangelnde Faktentreue gleichmütig in Kauf.

So jedenfalls vernimmt es der Populist durch das *Ohr, das er am Volke hat.* Und so bekommt er es vermittelt durch die von ihm gepflegte Bürgernähe. Solche Informationen sind für ihn Hilfsmittel und Instrument für die anvisierte persönliche Kleinkarriere.

Respekt und Anerkennung wollen die tätigen Mitglieder der Gemeinde für ihre ehrenamtlich erbrachten Leistungen erhalten Die bekommen sie bei geeigneten Gelegenheiten, so, wie es ihnen zusteht. Vor allem aber wollen sie Bestätigung sowie das Gefühl der Zugehörigkeit und der Übereinstimmung mit den anderen. Sie wollen Harmonie mit und in ihrer dörflichen Gemeinschaft. – Gelungene oder verfehlte Politik der letzten Jahrzehnte? - Diese Frage stellt sich nicht. Was solls, Schwamm drüber! Kein Thema für die Gegenwart!

„Die Gemeinde muss liefern", sagt dagegen der Konsument.
Und die Gemeinde liefert und versucht, dem gerecht zu werden, was der Konsumbürger verlangt. Den Bürgerinnen und Bürgern gefällt es. Sie sind zufrieden, wie die Lokalzeitung ermittelt.

„Wer hier nicht zufrieden ist, der hat das schöne Leben verpasst. Es gibt immer was zu nörgeln, man kann aber das Beste daraus machen", zitiert sie einen anonymen Teilnehmer einer Umfrage, den sie auch in Freren angetroffen haben könnte.[4]

Alle Menschen haben das Bedürfnis, als nützlich und wertvoll wahrgenommen zu werden.
(Oliver Spalt, Professor für Allgemeine Betriebswirtschaftslehre, zitiert in der Lingener Tagespost vom 22. Juli 2024, S. 4: *Warum die AfD so einen Zulauf hat.*)

Perfektionierte Dienstleistungen auch in der Samtgemeinde Freren. Die Bürgerinnen und Bürger sind zufrieden mit ihrer Gemeinde, mit ihrem Bürgermeister, mit ihrer Verwaltung und mit sich selbst.

Die monatlich herausgegebenen *Samtgemeindemitteilungen* und die *Samtgemeinde-App* fungieren als Organe der Imagewerbung, der Zustimmungspflege und der Bürgerzufriedenheit, alles von beachtlicher Qualität.

Auch für eine Festschrift anlässlich des 50-jährigen Bestehens hätte das Layout der *Samtgemeindemitteilungen* ein gutes Format abgegeben. Aber eine Festschrift hätte einen Rückblick auf die Geschichte beinhalten müssen. Das passte nicht in das vorgesehene Konzept, also blieb sie aus.

Politische Herdenhaltung nennt der Satiriker diese wohldosierte Symbiose aus Imagewerbung und Zufriedenheitspflege bei zurechtgestutzter Informationsgrundlage. Die seit Jahrzehnten etablierte und kaum hinterfragte Politik pflegt so den Zusammenhalt ihres *herdengängigen Publikums.*

---

[4] Meppener Tagespost vom 9. April 2024 (Lokales).

Ausfall bei den Trägern der Demokratiekultur

„Nur wer ständig an sich arbeitet, nur wer klar definierte Ziele hat und eine Vision vor Augen, der kann […] auch vorankommen und langfristig bestehen." So sagt es Firmenchef Ansgar Kuiter in einem seiner Firmenprospekte.[5] Was für einen Wirtschaftsbetrieb gilt, hat auch für die sich stetig verändernde Gesellschaft zu gelten. Die Vereine und die Verbände halten sich in anerkennenswerter Weise daran. Jeder Sportverein, jede Musikvereinigung und jeder Feuerwehrverband sorgt für die regelmäßigen Trainings und Übungen ihrer Mitwirkenden, damit sie fit bleiben für den Bedarfsfall, der auch überraschend eintreten kann.

Die *zufriedene* Gesellschaft aber lehnt sich zurück. Die Parteien als Organ des Wahlvolkes und dessen Instrument zur Willensbildung sind schon seit Jahren nicht mehr vernehmbar. Sie vergessen die regelmäßige Erprobung ihrer Funktionalität. Das permanente Training ihrer Mitglieder bleibt aus. Und die Mitgliederaktivität entwickelt sich wie ein Muskel, der nicht mehr benutzt wird.

Die letzte Mitgliederversammlung der Samtgemeinde-CDU wurde 2021 während der Coronazeit im örtlichen Stadion abgehalten (Stand: Oktober 2024). Sie hatte rein formellen Charakter und räumliche Distanz der Teilnehmer war geboten, der Verzicht auf Diskussion und Aussprache ergab sich daraus. Die nicht günstige Wetterlage tat das Ihrige.

Seither hat es keine bildenden Zusammenkünfte gegeben, keine problematisierenden Informationen, keine Diskussionen, keine Auswertungen, keine Zweifel, keine Auseinandersetzung, keinen Streit. Die formelle Bestätigung vorgegebener Kandidatenlisten für die Kommunalwahl ist seit Jahren der einzige Zweck einberufener Versammlungen auf örtlicher Ebene.

---

[5] Firma Kuiter, Werkstätten für Innenausbau, entnommen im April 2024.

Auch hier: kein Programm, keine Visionen und kein Plan für die Zukunft - ein glatter Ausfall bei den maßgeblichen Trägern der Demokratiekultur.

Verunbildung

Schlechter als unter dem *ewigen Parteiengezänk* ist die Lage dann, wenn die Parteien sich nicht mehr streiten und sich nicht mehr *miteinander auseinandersetzen*. Noch schlimmer, wenn über deren Streit nicht berichtet wird. Mit dem Ausschluss von den Informationen sind die Bürger auch ausgeschlossen von der Meinungsbildung. Sie haben nicht die Möglichkeit, sich zu positionieren und für eine der Seiten *Partei zu ergreifen*. Das hat Folgen für die Mitgliederzahlen in den Parteien und damit für die Demokratiekultur. *Wo nichts gemacht wird, da kommt auch nichts.*

> *Die Parteien reden nur noch bei Anne Will, aber nicht mehr mit uns.*
> (Ein Teilnehmer einer Umfrage in den ARD-Tagesthemen vom 5. Mai 2024 anlässlich des CDU-Parteitages in Berlin)

„Wo nicht gestritten wird, ist keine Demokratie", sagte Altkanzler Helmut Schmidt. Der Streit dient der Selbstreflexion der Gemeinschaft und muss den sich selbst verantwortlichen Bürgerinnen und Bürgern zugemutet werden. Sonst tritt das ein, was der Gemeinde als *fehlende Selbstwahrnehmung* diagnostiziert werden kann. Mit diesem Kriterium, *fehlender Selbstwahrnehmung*, dürfte der allgemeine Bewusstseinsstand in und um Freren schon seit längerer Zeit treffend beschrieben sein.

Nicht umfassende Dienstleistung ist das Ziel demokratischer Politik, sondern Bürgerbeteiligung. Demokratische Befähigung ihrer Mitglieder ist die Kernaufgabe der Parteien.

„Die Herrschenden müssen bewacht werden, nicht die Beherrschten", sagte der Schriftsteller Friedrich Dürrenmatt. In

Freren fällt diese Bewachung aus. Sonst würden Geschichtsverfälschungen, wie sie im Jubiläumsjahr kommuniziert werden, auf vernehmbaren Widerspruch stoßen.

Dass sich an diesem Zustand nichts ändert, dafür sorgen die, die das Prinzip der *politischen Herdenhaltung* über das Prinzip der demokratischen Befähigung stellen. Denn demokratische Befähigung der einen bringt immer auch Rechtfertigungsdruck und politische Konkurrenz für die anderen. Vorteilhafter als faktengetreue Information und individuelle Befähigung ist es in diesem Sinne, die Hingabe und das Engagement der Ehrenamtler lobend herauszustellen und verstärkend zu würdigen. Das pflegt inhaltliche Übereinstimmung und gute Laune. Und hält Grundsatzkritik fern.

Mit der Durchsetzung des Kulturzentrums Alte Molkerei vor etwa 30 Jahren gegen die Widerstände aus den verschiedenen Räten rückte erstmals so etwas wie eine kulturelle Mitte in das Blickfeld der Verwaltungseinheit Samtgemeinde. Kurioserweise wurde das fortgesetzt durch die notgedrungene Verbindung der örtlichen Kirchengemeinden zu der jetzigen Pfarreiengemeinschaft. Auch in spiritueller Hinsicht wurde damit eine gemeinsame Mitte der fünf selbstständigen Gemeinden in den Gedankenkreis der Bürgerinnen und Bürger gerückt.

Bewusst oder unüberlegt? Versehentlich oder zielgerichtet? Loyal oder von subtiler Aufmüpfigkeit? - Die von den Mitarbeitern der Verwaltung professionell ausgerichteten Veranstaltungen zur 50-Jahr-Feier der Samtgemeinde schlagen in die gleiche Kerbe. Auch sie bringen die gemeinsame Mitte dem Gefühlsleben der Menschen näher. Deutet sich hier der zarte Beginn einer Entwicklung an, die anderswo schon vor langer Zeit vollzogen wurde?

Die gekonnt ausgerichteten Events der Verwaltung hätten es verdient, mit dem authentischen geschichtlichen Hintergrund verbunden zu werden. Ohne dieses korrekte Wissen wird den mündigen Bürgerinnen und Bürgern die gültige Grundlage zu ihrer persönlichen Meinungsbildung entzogen und durch eine gefälschte ersetzt. Die feierlichen Zelebrationen von Zusammenhalt und Harmonie stellen sich damit in den Dienst der geschichtsverklärenden Fälschungen. *Manipulation* nennt man solche Werbung um Zustimmung und unterwürfige Loyalität mit unzutreffenden Fakten.

Besonders perfide in diesem Zusammenhang: Das geschieht -Diabolie des Populismus- gegenüber einem Publikum, das diese Irreführungen nur zu gerne glauben will. Viele Empfänger, besonders Ehrenamtler, fühlen sich bestätigt und aufgewertet, vermeiden die Selbstaufklärung und lehnen ernüchternde Informationen ab. Mit *Manipulation* ist eine solche Vorgehensweise schon nicht mehr hinreichend beschrieben.

Die akute Schwäche der gegenwärtigen Kultur- und Aufklärungsarbeit liegt darin, dass der differenzierende Abstand zu der Politik der Vorgängergenerationen nicht gewonnen wird. Mit dem Jubiläum hätten die Parteien und andere Beteiligte sich das Ziel setzen können, eine aktive Kultur- und Aufklärungsarbeit in Gang zu setzen. Besonders im konkurrierenden Wettbewerb der Parteien miteinander wären daraus vermutlich gute Grundlagen entstanden zur meinungsbildenden Orientierung der Bürgerinnen und Bürger.

Die Chance ist verpasst, statt Information gibt es stumpfe Lobhudeleien und propagandistische Selbstaufwertung der Politik in überparteilicher Einigkeit. Nicht nur die Parteien haben versagt, die Effekte des Jubiläums verharren in dem Geist fortdauernder Reformfeindlichkeit aus gestrigen Tagen.

Das als Erfolg zu bezeichnen, muss bei den Gemeinden, die einen anderen Weg gegangen sind, als Ohrfeige ankommen.

Schade um die so gute Arbeit, die im Zusammenhang mit diesem Jubiläum geleistet wurde für eine falsche Zielsetzung!

Mit dem Unterschlagen der geschichtlichen Fakten ist aus dem Jubiläum ein Akt der politischen Manipulation geworden, ein Akt gesellschaftlicher Unkultur und der geistigen *Verunbildung*.

Die Zukunft ist beeinflussbar

Was 1969 als *Wette auf die Zukunft* gewertet werden konnte, sollte es 2024 als *Erfahrungspotenzial* in das öffentliche Bewusstsein geschafft haben. Den geschichtlichen Werdegang außer Acht zu lassen, ist immer mit einem Nimbus von unzureichender Qualifikation behaftet. Die Geschichte mit Vorsatz und kalkulierter Verweigerung zu ignorieren, hat andere Motive und ist mit mangelnder Fähigkeit allein nicht zu erklären. Der von Ignoranz und Selbstbehauptung gezeichnete Wahrnehmungsboykott der frühen Reformgegner hat sich bis in die Gegenwart erhalten und seine Prägung hinterlassen, nicht nur bei einzelnen Personen, sie ist zum Allgemeingut der fünf Gemeinden im Verbund der *Samtgemeinde Freren* geworden. Wer sich in den örtlichen Vereinen bewegt oder Gemeindeversammlungen besucht, kann sich einen Eindruck davon verschaffen.

Der Politikentwurf aus der Zeit vor 50 Jahren bestand aus der Verweigerung bis an die Grenzen dessen, was das Gesetz zuließ. Dass diese Politik von der Wirklichkeit eingeholt und überholt worden ist, hätte ein geeignetes Motiv abgegeben für eine faire Rückbesinnung aus Anlass des 50-jährigen Bestehens der Samtgemeinde Freren. Eine solche Erkenntnis in den Gedankenkreis mündiger Bürgerinnen und Bürger zu bringen, wäre eine seriöse Zielsetzung zur politischen Bildung. Diese Zielsetzung hat das Jubiläumsjahr nicht nur verfehlt, sie wurde bewusst und vorsätzlich vermieden. Die Verweigerung der frühen Reformjahre setzt sich fort und wiederholt sich ein halbes Jahrhundert später.

Und es wäre eine selbsterhaltende und dankbare, aber auch notwendige Aufgabe für die politischen Parteien, die Entwicklung der letzten Jahrhunderthälfte zu hinterfragen. Deshalb sind es zuerst die Parteien, die als Träger der demokratischen Kultur gefordert sind. Speziell für sie sei an dieser Stelle die Aussage von Firmenchef Ansgar Kuiter noch einmal zitiert: „Nur wer ständig an sich arbeitet, nur wer klar definierte Ziele hat und eine

Vision vor Augen, der kann [...] auch vorankommen und langfristig bestehen."

Denn vor dem Bürgermeister und den Ratsmitgliedern sind es die Parteien, die als Vertreter der Volksbasis und im gegenseitigen Wettbewerb die Programme zu entwickeln haben, die geeignet sind zur Beantwortung der zentralen und überfälligen Fragen:

Was ist die Idee für eine gedeihliche Zukunft? Wo soll die Reise hingehen? Was wollen wir in den nächsten zehn Jahren geschafft haben?

Außer ein visionsfreies *Weiter so wie bisher!* gibt es keine Antwort darauf.

Dabei stellt sich die Frage völlig neu, weil die Versäumnisse nach 50 Jahren verfehlter Politik nicht einfach als ungeschehen zur Seite geräumt werden können. Sie sind Teil der Geschichte und haben eine veränderte Ausgangslage geschaffen, auf die die gegenwärtige Politik eine Antwort zu geben hat. Angestellte und Beamte mögen sich darauf beschränken, die tagesaktuellen Probleme verwaltend anzugehen und nach politischer Beschlusslage auszuführen. Parteien und ihre Politiker haben umfassendere Aufgaben. Sie haben auf der vorgefundenen Grundlage die Ideen für die Zukunft zu entwickeln und die Bürgerinnen und Bürgern im persönlichen davon zu überzeugen. So, wie es in anderen Gemeinden des südlichen Emslandes schon vor 50 Jahren mit Erfolg praktiziert wurde.

Was ist zu tun?

Umfassende Erforschung und Aufklärung der Sach- und Faktenlage stehen an erster Stelle. Die kritisch-differenzierende Distanz zur Politik der Vorgängergenerationen und die faire Information der Bürgerinnen und Bürger sind eng damit verbunden. Geschichtliche Aufarbeitung ist das erste Gebot jeder rückbesinnenden Feierlichkeit und die erste Maßnahme beim Entwurf der Zukunft.

Eine gestaltete Zukunft braucht die begleitende Aufmerksamkeit informierter Bürgerinnen und Bürger, deren einmischende Courage auch bis zur verbalen Aufmüpfigkeit reichen darf. Das hält eine Gesellschaft in Bewegung, verweist einseitig ausgerichtete Politik in die Grenzen und fördert die Aufmerksamkeit der Gemeindemitglieder und damit ihre politische Teilhabe.

Lobhudelnde und propagandistische Selbstaufwertung auf der einen Seite und manipulierte Folgsamkeit auf der anderen Seite wird es immer geben, in nahezu jeder Gesellschaft. Solche Verhaltensweisen neigen zum Exzess. Umso wichtiger sind gelegentliche Exkurse und Bestandsaufnahmen, die das Erreichte reflektieren und kritisch hinterfragen.

Aufgabe der lokalen Presse ist es, nachrichtenwerte Informationen bereitzustellen und zu veröffentlichen für diejenigen, denen diese Informationen sonst nicht zugänglich sind. Wo die Lokalberichterstattung ausfällt oder sich andere Akzente setzt, müssen einzelne Bürger die vorhandenen Informationen mit denen teilen, die nicht darüber verfügen. Die vorliegende Broschüre liefert einen erneuten Ansatz[6] dazu. Nicht die Abrechnung mit den Fehlern der Vergangenheit ist ihr tragender Sinn, sondern die Konsequenzen daraus, wie sie für die Gestaltung von Gegenwart und Zukunft von Nutzen sein können.

„Lasset die Geister aufeinanderprallen, aber die Fäuste haltet stille!" (Martin Luther)
„Demokratie ist Streit ohne Prügel." (Ewald Arenz, Schriftsteller und Lehrer, in der NDR-Talkshow vom 13. September 2024)

---

[6] Den ersten Ansatz dazu bietet das 2021 herausgegebene Buch, das in Fußnote 1 aufgeführt ist. Trotz einiger redaktioneller Mängel weist es einen seriöseren Inhalt zu der einschlägigen Thematik auf, als von offizieller Seite der Gemeinde je herausgegeben wurde.

Gift in der Atmosphäre
- Nachträgliche Bestätigung anfänglicher Ausführungen -

Dieses Kapitel wurde nachträglich eingefügt, weil es einen aktuellen Anlass dafür gab: Für das zweite Halbjahr 2024 sollte der folgende Text in die sogenannte „CulturCard", das Programm des Kulturkreises Impulse Samtgemeinde Freren e.V., aufgenommen werden:

> ### *Ernüchternde Erfahrungen für den jungen Kreisrechtsrat*
> *In den 1960er Jahren besteht das Gebiet der heutigen Samtgemeinde Freren aus einem Flickenteppich von zehn kleinen und kleinsten Gemeinden. Der noch junge Kreisrechtsrat Karl-Heinz Brümmer bekommt den Auftrag, diese Gemeinden von einem freiwilligen Zusammenschluss zu überzeugen, um sich so in die Zielsetzungen der landesweiten Gebiets- und Verwaltungsreform einzugliedern. Aber die Gemeinden sperren sich. Jede, auch die kleinste, will ihre Selbstständigkeit bewahren.*
> *In einem computergestützten Vortrag werden die vom Kreisrechtsrat gefertigten Aktennotizen von Anton Wiechmann präsentiert und erläutert. Stellungnahmen der Gemeinden, Protokollauszüge der stattgefundenen Sitzungen und Zeitungsausschnitte ergänzen die Erkundung des historischen Zeitgeistes.*
> *Außerdem stellt Anton Wiechmann den Entwurf eines neuen Projektes zum Jubiläum der Samtgemeinde Freren vor. Anregungen und Kritik erwünscht. Co-Autorenschaft möglich.*
> *Anmeldung erforderlich unter: antonwiechmann@t-online.de (bis zum 8. September 2024)*

Ein originäres Anliegen von Kulturarbeit: Den interessierten Bürgerinnen und Bürgern Einblick zu gewähren in die Primärquellen der Geschichte, um sich aus den Originalakten ein verlässliches Bild zu schaffen vom Geist seiner Zeit.

Der Vorstand des Kulturkreises sah sich genötigt, diesen Text aus dem Entwurf der *CulturCard* zu streichen und damit die Veranstaltung zu blockieren.

Warum? - Für einen Kulturverein, der etwas auf sich hält, gibt es keinen Grund dafür. Denn er dient weder dem Trend der Zeit noch den Interessen eines politischen Establishments. Neben anderen Zielsetzungen gilt sein Bestreben auch der politischen Bildung und der Aufklärung über geschichtliche Hintergründe. Von den Avancen einer verfestigten gemeindlichen Hegemonialstruktur lässt er sich nicht beeinflussen. Im Gegenteil, er bemüht sich darum, diese zu hinterfragen.

Kultur steht für die Entfaltung der Individuen und nicht für Koordinierungshilfe bei politischer Massensteuerung.

Und doch wurde von irgendwoher eine dringliche Weisung vernommen mit einschüchternder Wirkung. Wahrscheinlich war sie nicht real, sondern als imaginäre Direktive mit Bedrohungspotenzial nur in der eigenen Vorstellung vorhanden.

So nämlich ist das mit den Erwartungen und Verhaltensnormen einer auf Zusammenhalt und Einigkeit getrimmten Dorfgemeinschaft. Die Normen sind existent, obwohl sie nicht ausgesprochen werden. Wenn sie ein halbes Jahrhundert lang nicht kritisch hinterfragt und diskutiert werden, verfestigen sie sich. Sie erstarren zur unausgesprochenen Verhaltensanweisung. Für denjenigen, der es vorzieht, kein Aufsehen zu erregen, der sich lieber unterordnet und schweigend anpasst, wird eine Benimmregel daraus, die sensibel erspürt werden muss und einzuhalten ist. Denn die Missachtung solcher Regeln stellt einen Tabubruch dar, der als Verstoß gegen die guten Sitten empfunden wird. Er verursacht Unsicherheit und Ängste. Nicht nur für die Duckmäuser ist die Grenze der zumutbaren Zivilcourage überschritten. Auch ehrenamtlich Engagierte, die auf Finanzmittel aus der Gemeindekasse angewiesen sind, neigen zum Einlenken. So zumindest dürfte das Verhalten des Impulse-Vorstandes zu erklären sein.

Das Beispiel macht deutlich: Aus lebendiger Demokratie mit kontroverser Auseinandersetzung ist gelenkte Demokratie mit politischer Bevormundung geworden. Denn eine solche ergibt sich als Konsequenz aus den propagandistischen, manchmal auch irreführenden Selbstaufwertungen politischer Entscheidungsträger. In der Regel bleiben diese unwidersprochen. In Gemeindeversammlungen und in einer willfährigen Lokalpresse finden sie ihren verstärkenden Niederschlag. Das lässt couragiertes Gegenhalten umso unwahrscheinlicher erscheinen und macht den Tabubruch umso bedrohlicher.

Logisch, dass die zugrunde liegende Politik und ihre Ausführenden für einen kritischen Rückblick auf die Geschichte nicht zur Verfügung stehen und eine Festschrift mit entsprechendem Inhalt nicht für erstrebenswert halten.

Das, was im Jubiläumsjahr der Samtgemeinde Freren in aufwendigen Events und Volksfesten als Zusammenhalt und Harmonie gelebt und nach innen und außen demonstriert wird, ist ein mächtiger Akt der politischen Herdenhaltung und der Volksmanipulation. Darüber hinaus hat es eine dunkle Seite. Die nämlich besteht aus dem Gift des erstarrten dörflichen Normengefüges, das sich ein halbes Jahrhundert nicht bewegt hat. Das einschüchternde Drohpotenzial, das daraus resultiert, wird gepflegt und unterhalten von dem verweigerten Blick auf die Geschichte und der undifferenzierten Lobhudelei über die angeblich so erfolgreiche Politik der letzten 50 Jahre.

Die Samtgemeinde Freren braucht endlich couragierte Köpfe, die sich mit dem Entstehen dieses Gemeinwesens auseinandersetzen, statt es zu verdrängen. Denn im Zusammenhang mit der frühen Reformverweigerung hat sich eine allgemeine Gemütslage gebildet, die erkundet und erkannt werden muss, um sie zu reflektieren und zu hinterfragen. Populistisches Andienen an die vorgefundene Mentalität führt nicht weiter. Das nämlich war die Sünde der letzten Jahrhunderthälfte, die überwunden werden muss. Aufklärung, Information und kontroverse Auseinandersetzung über eine gedeihliche Zukunft bringen die besseren Lösungsansätze. Kultur ist gefragt, speziell Parteienkultur.

Gegenrede? Ja, bitte, denn die gehört dazu!

(Persönliches Nachwort)

Mitstreiter für diese Schrift waren nicht zu finden, auch keine Unterstützer und Befürworter. Im Entwurfszustand wurde der Text an verschiedene Personen und Institutionen versandt, der *Samtgemeinderat* war auch darunter – es erfolgte keine Reaktion!

Ist der Text es nicht wert?
Oder entziehen sich die Volksvertreter der Diskussion?

In einer rundum zufriedenen Gesellschaft sind vermutlich die Desinteressierten oder auch die Gleichgültigen in der Überzahl. Konfliktscheue und Unvermögen könnte auch eine Rolle spielen.
Aber ein paar glühende Gegner der hier vorgetragenen Sichtweisen wird es auch geben.

Das motiviert mich zu folgender Ergänzung:

Nicht immer ist alles richtig, was ich denke, sage und schreibe. Manchmal sind Ausdrücke nicht treffend, Formulierungen unverständlich und einzelne Darlegungen zu langatmig. Deswegen empfinde ich es nicht als demütigend, wenn Korrekturen angebracht werden und mir widersprochen wird.
Im Gegenteil, jenseits abgedroschener Formeln und Floskeln bin ich sehr offen für Kontra-Argumente, andere Sichtweisen und neue Perspektiven. Denn die erweitern den geistigen Horizont und bereichern das Wissen und Denken.

Danke dafür!
Anton Wiechmann

Demokratie lebt von der Beteiligung ihrer Mitglieder. Mit dieser Broschüre habe ich einen Beitrag geliefert – ob er Beachtung findet oder auf Desinteresse und Ignoranz stößt, entscheidet sich in den Köpfen anderer.

(Anton Wiechmann)

Zeitfracht Medien GmbH
Ferdinand-Jühlke-Straße 7
99095 Erfurt, Deutschland
produktsicherheit@kolibri360.de